"Abdi's remarkable journey from Somalia to Yemen to Egypt and to the United States is essential reading for anyone interested in the human face of multiple displacements."
—Daniel Naujoks, director and lecturer at Columbia University and author of *Migration, Citizenship, and Development*, NY

"This book offers readers the opportunity to engage with a powerful story in the hope of building empathy and understanding among communities across our world."
—Chris Stoltenberg, career and college coordinator at Wellstone International High School, MN

"With honesty and kindness, [this book] gives a voice to young newcomers to this country. In this political climate of insecurity and hostility, my students are reassured and heartened by these stories."
—Olja Stipanovic, teaching artist and Language Acquisition through Art and Storytelling specialist at LaGuardia College International High School, NY

"Zaynab using her voice to stand up and fight against injustice might inspire many young readers to persevere and stand up for what's right, no matter how challenging it might seem."
— Mariam Mohamed, educator and author of *Ayeeyo's Golden Rule*, MN

"With this graphical and very engaging book Zaynab offers a critical contribution to help build a sense of belonging among migrant children."
— André Corrêa d'Almeida, author and professor at Columbia University, NY

"In the end, this book celebrates education. Zaynab turned her life around by studying hard and never giving up."
— Zana Milovanovic, learning specialist at Ethical Culture Fieldston School, NY

"Zaynab's story shows that the bonds of family and a passion for justice can't be bound by borders. What's even more incredible than her journey is her capacity to make every place she visits better than when she arrived."
— Amy Mars, librarian at St. Catherine University, MN

" A beautiful mosaic of art and personal stories reminding us of who people were, how they were building their lives, their dreams, goals, and aspirations."
— Nausheena Hussain, community leader, MN

Hardcover ISBN 13: 978-1-949523-25-6
Ebook ISBN 13: 978-1-949523-26-3

Printed in the United States of America
First Printing: 2023
23 22 21 20 19   5   4   3   2   1

Illustration by Ashraf El-Attar
Design by Anna Stocks-Hess
Translation by Ashraf El-Attar, Wafaa Becker, Zaynab Abdi

GREEN CARD VOICES

INGRAM.

Consortium Book Sales & Distribution

Green Card Voices
2611 1st Avenue South
Minneapolis, MN 55408
www.greencardvoices.org

Consortium Book Sales & Distribution
34 Thirteenth Avenue NE, Suite 101
Minneapolis, MN 55413-1007
www.cbsd.com

OUR STORIES CARRIED US HERE:
VOICE FOR REFUGE

Zaynab Abdi

AUTHOR

Ashraf El-Attar

ILLUSTRATOR

ZAYNAB ABDI

Raised: Aden, Yemen
Current: New York City

Zaynab Abdi a Black, Muslim, Middle Eastern, and immigrant woman who is passionate about social justice and advocacy. She graduated magna cum laude from Saint Catherine University with a bachelor's degree in political science, international studies, and philosophy. In the Spring 2023, she will be graduating from Columbia University with a master's in public administration in development practice (MPA-DP). Zaynab worked alongside the youngest-ever Nobel Peace Prize winner, Malala Yousafzai, as a youth advocate for girls' education. She has spoken at the United Nations several times, and her story was featured in several books: *Green Card Youth Voices: Immigration Stories from a Minneapolis High School* (2015), Malala's book *We Are Displaced* (2019), and *Our Stories Carried Us Here* (2021). In 2019, Zaynab was appointed by Minnesota Governor Tim Walz's office to serve in the Young Women's Cabinet. Currently, Zaynab works as the Strategy & Futures Fellow with the United Nations Development Programme (UNDP). In her free time, Zaynab enjoys playing soccer, biking, and mentoring emerging young leaders to be a powerful force for change.

www.greencardvoices.org/speakers/zaynab-abdi

ASHRAF EL-ATTAR

Born: Kairo, Egypt
Current: Washington, DC

Ashraf El-Attar is an illustrator from Egypt. He currently resides in Washington, DC. He earned his MFA in Illustration from Savannah College of Art and Design with a full scholarship from the Ford Foundation. His children's books and graphic novels have been published in the United States and around the world. His work has also appeared in several magazines such as *Baystate Parent* and *Washingtonian*. His preferred medium is traditional ink and paper.

www.linkedin.com/in/ashraf-attar-73006053

IN THE 1990s, WAR IN SOMALIA DISPLACED MANY PEOPLE. SOME FLED TO NEIGHBORING COUNTRIES INCLUDING YEMEN.

HI, MY NAME IS ZAYNAB! I WAS RAISED BY MY GRANDMA IN YEMEN. I CALL BOTH SOMALIA AND YEMEN MY HOME.

3

THIS IS OUR HOUSE IN ADEN, YEMEN.
GOAL
I USED TO PLAY SOCCER IN THE STREETS WITH THE BOYS. I WORE A CAP, SO I LOOKED LIKE THEM.
WE HAD THE ONLY TV IN THE NEIGHBORHOOD. EVERYBODY WAS WELCOME TO WATCH. IT WAS A SIMPLE BUT HAPPY LIFE.

MY GRANDMOTHER WAS THE CENTER OF OUR FAMILY. SHE RAISED ME AND MY SISTER AND 11 OF MY COUSINS, ALL IN THE SAME HOUSE.

SHE USED TO CELEBRATE MY BIRTHDAY.

ENCOURAGE ME TO PLAY SOCCER.

AND CELEBRATE MY ACADEMIC SUCCESS BY GIVING ME GIFTS. NOBODY DID THAT IN OUR NEIGHBORHOOD. MY GRANDMA MEANT EVERYTHING TO ME.

OUR LIFE IN YEMEN REVOLVED AROUND FAMILY, BEAUTIFUL CELEBRATIONS, AND COMMUNITY. FOR EID, MY SISTER, SABREEN, AND I WORE MATCHING CLOTHES AND WENT FROM DOOR TO DOOR. WE WOULD GET MONEY, CHOCOLATES, AND EID COOKIES. IT WAS VERY SIMILAR TO TRICK-OR-TREATING!

EID MUBARAK!

MY HAPPY CHILDHOOD ABRUPTLY ENDED WHEN MY GRANDMOTHER UNEXPECTEDLY DIED. IT WAS A BIG LOSS FOR EVERYONE.
OUR HOUSE BECAME DARK AND EMPTY. ALL MY COUSINS LEFT AND SOME EVEN MOVED AWAY. ONLY MY SISTER AND I STAYED.
WE DECIDED TO JOIN OUR MOTHER IN THE USA. MOM HAD THE OPPORTUNITY TO EMIGRATE 16 YEARS AGO AND MOVED TO MINNESOTA. SHE COULD NOT TAKE US WITH HER AT THE TIME.

IN 2011, THE REVOLUTION STARTED AGAINST THE PRESIDENT OF YEMEN. PEOPLE WENT TO THE STREETS IN MASSES ASKING HIM TO STEP DOWN.
THE ARMY IS ATTACKING PEOPLE WITH TANKS!
BOOM
MY SISTER AND I USED TO GO TO THE ROOF OF OUR HOUSE TO SEE THE ROCKETS EXPLODING. IT WAS SAFER TO GO TO THE ROOF. IT WAS A BIG MESS IN THE WHOLE CITY. SADLY, IT WAS TIME FOR US TO LEAVE YEMEN.

SOME OF OUR RELATIVES ESCAPED TO EGYPT AND SOMALIA.

ONE DAY MY AUNT SAID SHE WAS GOING TO JOIN THE RELATIVES IN EGYPT, AND SHE ASKED IF MY SISTER AND I WOULD JOIN THEM.

WE TRIED TO PACK EVERYTHING IN ONE BAG, BUT WE HAD TO LEAVE MANY THINGS BEHIND, ESPECIALLY THE BOOKS. WE THOUGHT WE WOULD BE COMING BACK.

WE WENT TO ADEN AIRPORT, HEADING TO EGYPT!
SEEING MY COUNTRY FOR THE LAST TIME FROM THE PLANE WINDOW WAS THE HARDEST MOMENT IN MY LIFE.

FINALLY, WE ARRIVED IN EGYPT.

WE TOOK A BOAT RIDE ON THE NILE RIVER.

AND ALSO VISITED THE PYRAMIDS.

NOT ALL WAS HAPPY AND EXCITING. WE HAD TO WAIT IN LONG LINES AND REGISTER TO GET OUR REFUGEE ID.

THEY WERE ALSO GIVING OUT FOOD AID FOR FAMILIES. YOU COULD CHOOSE BETWEEN CASH AND A CARE BASKET, WHICH INCLUDED RICE, BEANS, SUGAR, OIL AND FLOUR.

THE METRO IN EGYPT WAS SO CROWDED I COULD BARELY BREATHE.

GOOD TIMES DIDN'T LAST LONG. I STARTED COUGHING BADLY.

KOF KOF

THE DOCTOR TOLD ME THAT I HAD TUBERCULOSIS (TB).

IT WAS CLEAR FROM THE X-RAY.

I HAD TO WEAR A MASK ALL THE TIME. IT WAS VERY SAD.

THE RELATIVE WHO WAS HOSTING ME AND MY SISTER ASKED ME – IN A BAD WAY – TO LEAVE THE HOUSE SO I WOULD NOT INFECT THEM. HE WAS SO CRUEL TO ME. I HAD TO LEAVE MY SISTER THERE.

IN CAIRO, THE BIG CITY, I RENTED A SMALL APPARTMENT IN DOKKI, A NEIGHBORHOOD CLOSE TO THE NILE RIVER.
CLICK
BEEP!
BEEEP
I WAS ALONE. IT WAS JUST ME AND MY MEDICINE THAT I HAD TO TAKE EVERY DAY.
ETHAMB
PYRA
PEOPLE IN THE NEIGHBORHOOD WERE SO NICE TO ME.
صباح الخير زينب
THEY ALWAYS ASKED IF I NEEDED SOMETHING.
I'LL NEVER FORGET THEIR KIND, SMILEY FACES.
BUT MY FAVORITE THING TO DO WAS TO WATCH THE NILE AND THE BOATS. IT WAS SO PEACEFUL..

FINALLY, AFTER A YEAR, I WAS CURED OF TB AND MY SISTER WAS ABLE TO LIVE WITH ME. WE WERE REUNITED AGAIN.
!!!
OH NO, NOT AGAIN!
IN 2013 THE SECOND WAVE OF ARAB SPRING STARTED.
MORSI PRES
TEAR GAS WAS EVERYWHERE!
THAT REMINDED US OF THE WAR IN YEMEN. IT WAS TIME FOR US TO LEAVE EGYPT TO JOIN OUR MOTHER IN THE UNITED STATES.

HI MOM!
WE WENT TO THE AMERICAN EMBASSY IN CAIRO FOR AN INTERVIEW ABOUT JOINING OUR MOTHER IN MINNEAPOLIS, MINNESOTA.
I GOT ACCEPTED
ACCEPTED
...MY SISTER WAS NOT!
IT WAS SAD THAT WE WOULD BE SEPARATED. SHE WOULD STAY IN EGYPT, AND I WOULD TRAVEL TO THE USA ALONE!

I HAD TO TAKE THE PLANE ALONE FOR THE FIRST TIME.

AS I LOOKED BACK ONE LAST TIME WITH MIXED EMOTIONS, I WAS SAD TO LEAVE MY SISTER BEHIND, YET I WAS ALSO EXCITED TO SEE MY MOTHER AGAIN. EVEN THOUGH I WAS UNSURE ABOUT THE NEW CHAPTER IN MY LIFE.

MY TRIP WAS STRAIGHT FROM EGYPT TO MINNESOTA. THERE WAS NO CHANCE FOR ME TO GET LOST.

I SPOTTED THE MINNEAPOLIS-ST.PAUL AIRPORT FROM THE WINDOW. I WAS SO EXCITED.

WOW!

MY MOTHER AND TWO BABY SISTERS I HAD NEVER MET BEFORE WERE WAITING FOR ME AT THE AIRPORT.

IT WAS A WARM MEETING.

ON MY WAY HOME, I WATCHED THE CITY FROM THE CAR WINDOW. IT WAS OBVIOUS THAT LIFE HERE WOULD BE DIFFERENT FROM YEMEN AND EGYPT.

THE WEATHER WAS SO COLD AND SNOW WAS EVERYWHERE. I WASN'T USED TO THAT.
BRR
B
PEOPLE WERE SO COLD, JUST LIKE THE WEATHER. I TRIED TO TALK TO THEM. THEY WERE SO RUDE AND WOULDN'T ANSWER ME.
HI
!
HI...
!!
BUT AFTER TWO MONTHS, I STARTED TO MAKE PLANS FOR MY LIFE. I STARTED TO ADAPT, AND I STARTED SCHOOL. I WAS SO HAPPY THAT I WAS ABLE TO WALK ALONE TO SCHOOL.

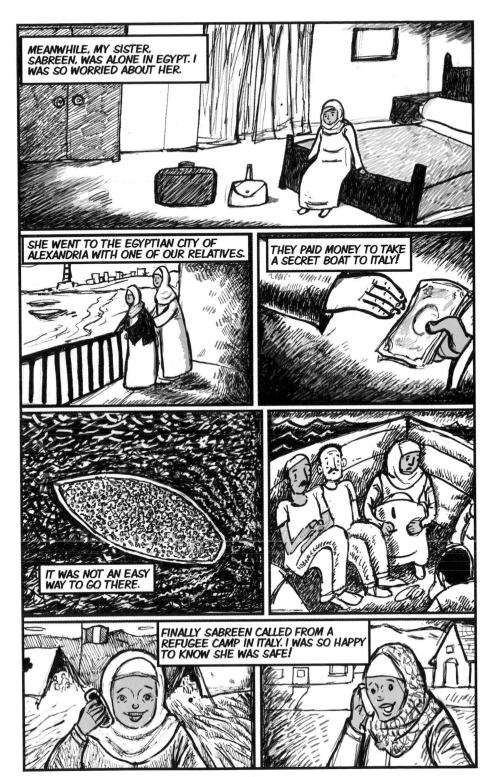

MEANWHILE, MY SISTER, SABREEN, WAS ALONE IN EGYPT. I WAS SO WORRIED ABOUT HER.

SHE WENT TO THE EGYPTIAN CITY OF ALEXANDRIA WITH ONE OF OUR RELATIVES.

THEY PAID MONEY TO TAKE A SECRET BOAT TO ITALY!

IT WAS NOT AN EASY WAY TO GO THERE.

FINALLY SABREEN CALLED FROM A REFUGEE CAMP IN ITALY. I WAS SO HAPPY TO KNOW SHE WAS SAFE!

I REALLY LIKED MY SCHOOL. THE KIDS WERE ALL INTERNATIONAL STUDENTS LIKE ME, FROM CHINA, SOMALIA, AND FRANCE. I FELT MORE LIKE I BELONGED.
SCHOOL
I SAW MANY OPPORTUNITIES THAT KIDS IN AMERICA HAD IN THEIR SCHOOL— MORE THAN I HAD IN YEMEN — LIKE FREE LUNCH, FREE EXTRA CLASSES AFTER SCHOOL, AND ABOVE ALL, FREEDOM OF SPEECH. I JUST HAD TO TAKE ADVANTAGE OF THOSE OPPORTUNITIES!
I WAS ELECTED BY MY CLASS TO SPEAK ON THEIR BEHALF ON THE SCHOOL BOARD.
MY CLASS HAD SOME REQUESTS. WE WANTED AN IN-PERSON MATH TEACHER TO TEACH US INSTEAD OF A COMPUTER PROGRAM. WE ALSO WANTED A SOCCER TEAM AND TO CHANGE THE CAFETERIA MENU TO HAVE MULTICULTURAL CUISINE — NOT ONLY AMERICAN FOOD. OUR PLEAS WERE ANSWERED!

MR. TERRY WAS THE FIRST TO NOTICE MY TALENT IN WRITING.

YOU SHOULD BE A LAWYER! LOOK INTO THE STEP-UP PROGRAM.

I WAS EXCITED TO LEARN MORE ABOUT LAW.

I APPLIED FOR THE STEP-UP PROGRAM.

STEP-UP APPLICATION

THIS PROGRAM PREPARED ME FOR AN INTERNSHIP WHERE I COULD LEARN MORE ABOUT LAW.

I ARGUED IN FRONT OF REAL LAWYERS, AND WON THIRD PLACE IN A CONTEST.

WE APPLIED FOR SCHOLARSHIPS AND COLLEGES TO ATTEND AFTER GRADUATION.

AT THE GRADUATION CEREMONY, MY SCHOOL CHOSE ME TO MAKE THE VALEDICTORIAN SPEECH.

I WAS INVITED TO AN EVENT WHERE I MET MALALA. SHE WAS MEETING US AS REFUGEE STUDENTS IN MINNESOTA. WE CONNECTED OVER OUR EXPERIENCES.

I ALSO HANDED HER MY BOOK, WHICH I...

GREEN CARD VOICES STORIES

...DID IN ONE OF MY SENIOR CLASSES. WE TOOK A NICE PHOTO WITH MALALA, AND LATER SHE INVITED ME TO SPEAK AT THE UNITED NATIONS IN NEW YORK AND TALK ABOUT THE EDUCATION OF REFUGEE GIRLS.

IT WAS MY FIRST TIME IN NEW YORK – I WAS SO EXCITED!
I SPOKE AT THE SUSTAINABLE DEVELOPMENT GOALS SUMMIT. I WAS SO PROUD – FROM YEMEN TO THE UNITED NATIONS! I SHARED STORIES RELATED TO GIRLS' EDUCATION IN YEMEN DURING THE CRISIS.
I ALSO PRESENTED AT SEVERAL EVENTS IN NEW YORK. I ENJOYED IT SO MUCH. I WAS HOPING TO COME BACK ONE DAY.

I GOT ACCEPTED TO SAINT CATHERINE UNIVERSITY IN MINNESOTA.

DURING MY JUNIOR YEAR I WAS ELECTED STUDENT SENATE PRESIDENT. I MANAGED TO CHANGE A LOT OF THINGS SUCH AS ELIMINATING THE REQUIREMENT TO TAKE THE STANDARDIZED TEST CALLED THE ACT FOR STUDENTS WHO SPEAK ENGLISH AS A SECOND LANGUAGE. I ALSO CREATED A GATHERING SPACE FOR STUDENTS,

AND, OF COURSE, I CREATED A SOCCER TEAM AND OTHER STUDENT ACTIVITIES.

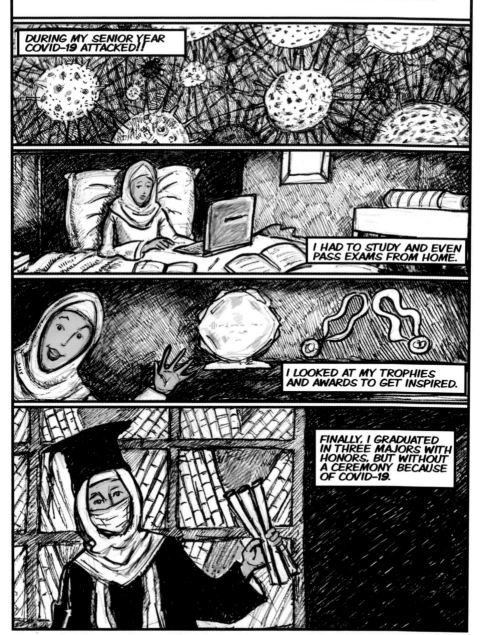

AFTER THE MURDER OF GEORGE FLOYD, I PROTESTED IN SOLIDARITY AS A BLACK, MIDDLE EASTERN, MUSLIM, AND IMMIGRANT WOMAN. IT'S IMPORTANT TO LEARN HOW THESE INJUSTICES AFFECT ME AND MY COMMUNITY. I WANT TO USE MY EDUCATION TO ENSURE JUSTICE IS BEING SERVED SO WE DON'T KEEP SEEING OUR COMMUNITY MEMBERS BEING KILLED, DEPORTED, AND TREATED AS THREATS IN THIS COUNTRY.
NO JUSTICE NO PEACE
BLACK LIVES MATTER
I CAN'T BREATHE
NO JUSTICE NO PEACE
JUSTICE FOR FLOYD
BLM
DEFUND POLICE

IN AMERICA I FOUND MY REFUGE AND MY EDUCATION. NOW I USE MY VOICE AND SPEAK OUT IN ORDER TO PROMOTE MORE JUSTICE IN THE WORLD.

DISCUSSION QUESTIONS

UNDERSTAND THE STORY...

Thinking Within
1. Where was Zaynab born? Where was she raised? How did that impact her?
2. Zaynab was raised by her grandmother and thought of her as the "center of her family." What were some of the reasons for thinking this?
3. Zaynab's sister was not chosen to go to the US. How do you think it felt to be separated from her?

Thinking Beyond
1. Describe Zaynab's journey to Minnesota. Why did she have to leave Yemen? Why did she choose Minnesota?
2. Compare and contrast life in Yemen and life in Minnesota. How are they similar? Different?
3. How has Zaynab used her voice to fight for what she believes is right or just in the world?
4. What do you think will happen next in Zaynab's life? Why do you think that?

Thinking About
1. Think about the title. How has Zaynab become a voice for refuge?
2. Is Zaynab a fighter for justice? Why or why not?

...STITCH TO YOURS.

1. Describe a person you know who makes you feel comfortable and safe.
2. What does refuge mean to you? Describe a time when you sought out a place of refuge. What made this place feel safe?
3. Tell about a time when you used your voice to stand up for something you believed in. What made you want to advocate for this issue?

Learn more about *Story Stitch* at www.storystitch.org

IMPORTANT CONCEPTS

Revolution

A revolution is a very sharp change made to something. The word comes from Latin, and is related to the word *revolutio* (which means to turn around). Revolutions are usually political in their nature. Some people feel unhappy with their lives, some are not happy with the whole system of their government or community. They might join together, share their ideas, and make a revolution. Often, revolutions include fighting, and civil unrest.

Ex. In 2011, the revolution against the president of Yemen started. Masses of people protested in the streets to ask him to step down. Zaynab and her family would gather around the TV to hear the news and could see rockets exploding from their rooftops. They knew it was time to leave Yemen (see page 8).

Advocacy

Advocacy can be defined as taking action to change the world. It includes public support for or recommendation of a particular cause or policy. It is a political process by an individual or group which aims to influence decisions within political, economic, and social systems and institutions. Students who use their voice and participate in their school, community are advocates for themselves and others.

Ex. When Zaynab spoke at a local school board meeting, she was advocating for people locally. When speaking at the United Nations Sustainable Development Goals summit, Zaynab was advocating for global change (see page 20, 23).

Justice

Justice is a concept of ethics and law that means that people behave in a way that is fair, equal and balanced for everyone. As an idea, justice has been discussed by philosophers throughout history. People seeking justice want to ensure that people get what is deserved or right. The concept is used in courts and the law to help people seeking fairness. Social justice includes fairness and equal access to social privileges, wealth and opportunities.

Ex. After the murder of George Floyd in Minneapolis, Zaynab protested in solidarity as a Black, Middle Eastern, Muslim and Immigrant woman. It was important to her to learn about how the injustices impact not only her, but her community as well (see page 25).

WORDS TO KNOW

tuberculosis (TB): a disease caused by bacteria that attacks the lungs and is easily spread

Arab Spring: a series of anti-government protests and uprisings in the early 2010's, led mostly by young people, that spread across much of the Arab world

refuge: something providing safety or shelter

refugee: a person who has been forced to leave their country to escape war or natural disaster

green card: the common name for a lawful permanent residency permit

valedictorian: title for students with the highest academic success

ADDITIONAL RESOURCES

"Yemen Facts for Kids," Kiddle Kpedia, November 26, 2022, https://kids.kiddle.co/Yemen

Agence France-Presse, "'I Wish I Could Go to School': 2 Million Children Miss Out on Education in War-Torn Yemen," Theirworld, September 24, 2022, https://theirworld.org/news/back-to-school-yemen-but-2m-children-missing-education/

THANK YOU

This book was inspired by Our Stories Carried Us Here: A Graphic Novel Anthology (2021), where Zaynab's illustrated story was first published in an abbreviated version.

We are grateful to our amazing Green Card Voices staff, board, and funders, and the many supporters of GCV nationwide. Our gratitude goes out to Kathy Seipp, who wrote the curriculum section of the book, and to translators Achraf El-Attar and Wafaa Becker and the team at Lexikeet.

ABOUT GREEN CARD VOICES

Founded in 2013, Green Card Voices (GCV) is a nonprofit organization that utilizes storytelling to share personal narratives of America's immigrants, establishing a better understanding between immigrants and their communities. Our dynamic video-based platform, book collections, traveling exhibits, podcast, and Story Stitch circles empower individuals of various backgrounds to acquire authentic first-person perspectives about immigrants' lives, increasing appreciation of the immigrant experience in the United States.

Green Card Voices was born from the idea that the broad narratives of current immigrants should be communicated in a way that is true to each individual's story. We seek to be a new lens for participants in the immigration dialogue and to build a bridge between immigrants and nonimmigrants—newcomers and the receiving community—across the country. We do this by sharing the firsthand immigration stories of foreign-born Americans and helping others to see the "wave of immigrants" as individuals with interesting stories of family, hard work, and cultural diversity.

To date, the GCV team has recorded the life stories of more than five hundred immigrants coming from over one hundred and forty countries. All immigrants who decide to share their story with us are asked six open-ended questions and invited to share personal photos of life in their country of birth and in the United States. Their narratives are then edited to produce five-minute videos filled with unique stories, personal photographs, and music. These videos are available on www.GreenCardVoices.org and YouTube (free of charge and advertising).

Contact information:
Green Card Voices   612.889.7635
2611 1st Ave S.   info@GreenCardVoices.org
Minneapolis, MN 55408   www.GreenCardVoices.org

غلاف الكتاب ISBN 13: 978-1-949523-25-6
الكتاب الالكتروني 978-1-949523-26-3 ISBN :13

طبع في الولايات المتحدة الامريكية
الطبعة الاولى: ٢٠٢٣

1 2 3 4 5   19 20 21 22 23

صورت من قبل أشرف العطار
تصميم آنا ستوكس هيس
ترجمت من قبل أشرف العطار و وفاء بيكر و زينب عبده

أصوات البطاقة الخضراء
2611 1st Avenue South Minneapolis,
MN 55408 www.greencardvoices.org

كونسورتيوم لبيع وتوزيع الكتب
101 Suite NE, Avenue
Thirteenth 34
Minneapolis, MN 55413-1007
www.cbsd.com

حملتنا قصصنا إلى هنا: صوت للجوء

زينب عبده

المؤلف

أشرف العطار

رسوم

زينب عبده

من: الصومال، اليمن
حاليا: مدينة نيويورك

زينب عبده امرأة سوداء ومسلمة وشرق أوسطية ومهاجرة شغوفة بالعدالة الاجتماعية والدعوة. تخرجت بامتياز مع مرتبة الشرف من جامعة سانت كاترين بدرجة البكالوريوس في العلوم السياسية والدراسات الدولية والفلسفة. في ربيع عام ٢٠٢٣، ستتخرج من جامعة كولومبيا بدرجة الماجستير في الإدارة العامة في ممارسة التنمية. عملت زينب جنبا إلى جنب مع أصغر فائزة بجائزة نوبل للسلام على الاطلاق، مالال يوسفزاي، كمدافعة عن الشباب لتعليم الفتيات. تحدثت في الامم المتحدة عدة مرات، وظهرت قصتها البطاقة الخضراء: قصص الهجرة من مدرسة ثانوية في مينيابوليس (٢٠١٥)، كتاب مالال نحن نازحون، وقصصنا في أصوات شباب حملتنا إلى هنا. (٢٠٢١).

في سنة ٢٠١٩، تم تعيين زينب من قبل مكتب حاكم ولاية مينيسوتا تيم والز للعمل في مجلس وزراء النساء الشابات. تعمل زينب في الوقت الحالي كزميلة استراتيجية ومستقبلية في برنامج الامم المتحدة الانمائي. في أوقات فراغها، تستمتع زينب بلعب كرة القدم وركوب الدراجات وتوجيه القادة الشباب الناشئين ليكونوا قوة قوية للتغيير.

www.greencardvoices.org/speakers/zaynab-abdi

اشرف العطار

من: القاهرة، مصر
حاليا: العاصمة واشنطن

أشرف العطار رسام من مصر. وهو يقيم حاليا في واشنطن العاصمة. حصل على درجة الماجستير في الفنون الجميلة MFA من كلية سافانا للفنون والتصميم بمنحة دراسية كاملة من مؤسسة فورد. تم نشر كتبه الخاصة بلاطفال والروايات المصورة في الولايات المتحدة وحول العالم. ظهرت أعماله أيضا في العديد من المجالات مثل Baystate Parent و .Washingtonian وسيلته المفضلة هي الحبر والورق التقليديين

www.linkedin.com/in/ashraf-attar-73006053

في التسعينات ، الحرب في الصومال تسببت في هروب عدد كبير من السكان . بعضهم هرب إلى الدول المجاورة بما فيهم اليمن.
مرحباً أنا إسمي زينب . لقد ربيتني جدتي في اليمن . أنا اعتبر اليمن و الصومال هما بلدي الأم.

هذا هو منزلنا في مدينة عدن، اليمن.
GOAL
كنت أحب لعب كرة القدم في الشارع مع الأولاد . كنت ارتدي قبعة حتى أبدو مثلهم.
كنا نمتلك التلفاز الوحيد في الحي . كان الجميع مرحب به أن يشاهد التلفاز معنا في المنزل .كانت حياة بسيطة و لكن سعيدة.

كانت جدتي هي محور العائلة و مركزها . لقد ربتني أنا و أختي و أحد عشر من أبناء عمومتي في بيت واحد.
كانت تحتفل دائما بعيد ميلادي.
كذلك كانت تحتفل بنجاحي في المدرسة و تعطيني الهدايا. لم يكن هذا معتادا في الحي الذي نسكن فيه. جدتي كانت تعني كل شيء بالنسبة لي.
كما كانت تشجعني دائما على لعب كرة القدم.

حياتنا في اليمن كان محورها العائلة. الإحتفالات الجميلة مع المجتمع الذي نعيش فيه. في العيد ، كنت أنا و أختي صابرين نلبس نفس الملابس و نذهب نطرق الأبواب في الحي الذي كنا نعيش فيه. كنا نأخذ من الجيران الأموال أو الحلوى. كان ذلك شبيهاً بإحتفالات الهالوين في أمريكا.
عيد سعيد!

طفولتي السعيدة انتهت عندما ماتت جدتي فجأه. كان ذلك خسارة كبيرة لجميع.
منزلنا أصبح كئيب و فارغ . كل أبناء عمومتي تركو المنزل . و بعضهم هاجر إلى بلاد أخرى. لم يبقى في المنزل سوى أنا و أختي.
لقد قررنا أنا و أختي أن نذهب إلى أمي في الولايات المتحدة الأمريكية . لقد هاجرت أمي إلى أمريكا من ستة عشر عاما و كانت تعيش في ولاية مينيسوتا.لم تكن تستطيع أن تأخذنا معها في ذلك الوقت.

في عام ٢٠١١، قامت ثورة شعبية في اليمن على رئيس اليمن آنذاك . نزلت جموع المواطنين باعداد كبيرة إلى الشوارع مطالبة بتنحيه عن الحكم .
الجيش يهاجم المواطنين بالدبابات!
بووووم
أنا و أختي اعتدنا على الصعود إلى سطح المنزل لنشاهد الصواريخ و هي تنفجر في السماء . كان ذلك أكثر أمانا للذهاب إلى السطح . اجتاحت المدينة فوضى عارمة. للأسف ، حان الوقت لنا أن نغادر اليمن.

بعض من أقاربنا هربوا إلى مصر و اخرين إلى الصومال.

في يوم من الإيام ، قالت عمتي انها ستذهب إلى مصر مع بعض الأقارب و سألت إذا كنا على إستعداد أنا و أختي إلى الذهاب هناك أيضا.

لقد حاولنا أنا و أختي أن نضع كل متعلقاتنا في حقيبة واحدة . كان علينا أن نترك كثير من الأشياء في المنزل خصوصا الكتب . كنا نعتقد اننا سنعود يوما.

لقد ذهبنا إلى مطار عدن متجهين
إلى مصر.
رؤية بلدي للمرة الأخيرة من نافذة الطائرة
كانت أصعب لحظة في حياتي.

أخيراً، وصلنا إلى مصر!

لقد أخذنا مركب في النيل.

و أيضاً زرنا الأهرامات.

لم يكن كل الوقت ممتعا. كان يجب علينا أن ننتظر في طابور طويل حتى يمكننا الحصول على المعونات للاجئين.

كانوا أيضاً يعطون المعونات من الطعام للعائلات من اللاجئين. بإمكانك أن تختار ما بين المال أو حقيبة الطعام التي كانت تحتوي على الارز و الفول و السكر و الزيت و الدقيق.

مترو الإنفاق في مصر كان مزدحم جداً.
إن الأوقات السعيدة لا تستمر طويلاً .لقد بدأت في السعال بشدة.
KOF KOF
لقد أخبرني الطبيب انني مصابة بالسل.
لقد كان ذلك واضحا في صورة الأشعة.
كان لزاماً علي أن ارتدي الكمامة طوال الوقت. كان ذلك شيء حزيناً.
أقاربنا الذين قاموا باستضافتنا أنا و أختي . طلبوا مني الرحيل بشكل سيء جداً حتى لا تتم عدوتهم بالمرض.
لقد كان قاسيا جداً على ، كان يجب علي أن أترك أختي معهم.

في القاهرة ، المدينة الكبيرة قمت بإيجار شقة صغيرة في حي الدق . هذا الحي قريب من نهر النيل.

لقد كنت أعيش وحدي أنا و الأدوية التي كان يجب علي أن أخذها كل يوم!

كانوا دائماً ما يسألوني إذا كنت بحاجة إلى أي شيء.

لا أستطيع أبدا أن أنسى وجوههم البشوشة المبتسمة.

الناس في الحي الذي كنت أسكن فيه، كانو في منتهى ألطف معي.

و لكن أكثر شيء كنت أستمتع به هو مشاهدة النيل و المراكب. كان ذلك يساعدني على السلام النفسي.

١٣

أخيراً و بعد عام كامل، تم شفائي من السل أصبح باستطاعة أختي أن تعيش معي. لقد تجمعنا مرة أخرى.
لا ليس مرة أخرى!!
في عام ٢٠١٣، موجة أخرى من الربيع العربي بدأت في مصر.
MORSI PRES
الغاز المسيل للدموع كان في كل مكان.
ذكرنا ذلك بالحرب في اليمن . لقد حان الوقت لنا أن نترك مصر لنعيش مع أمنا في الولايات المتحدة الأمريكية.

لقد ذهبنا إلى السفارة الأمريكية في القاهرة لإجراء مقابلة لنحصل على تأشيرة حتى نستطيع أن نذهب إلى أمي في مينيابوليس ، مينيسوتا.
إه يا أمي!
ACCEPTED
لقد تم قبولي
ولكن أختي رفضت ...!
كان ذلك حزيناً اننا سنفترق . كان يجب عليها أن تمكث في مصر و أنا علي أن اذهب إلى الولايات المتحدة وحدي.

كان علي أن اركب الطائرة
وحدي لأول مرة
و أنا أنظر خلفي على سلم
الطائرة كان لدي مشاعر
مختلطة. كنت حزينة انني
سأترك أختي وحيدة في مصر.
ولكني كنت سعيدة إنني
سألتقي بأمي مجددا و
بالرغم من ذلك كنت لست
متأكدة من ألفصل الجديد
في حياتي الذي سيبدأ.

رحلتي كانت مباشرة من مصر إلى مينيسوتا .
كان من الصعب علي أن أضل الطريق.
لقد رأيت مطار مينيابوليس من نافذة الطائرة . كنت سعيدة جدا!
واووو!
أمي و اخوتي الصغار كانوا بانتظاري في المطار. لم أكن كنت قد رأيتهم من قبل.
لقد كان لقائاً دافئاً.
و أنا في السيارة في طريقي إلى المنزل. كنت ارى المدينة من شباك السيارة. كان واضحا من البداية أن الحياه هنا ستكون مختلفة عن اليمن و مصر.

لقد كان الجو بارداً جداً و الثلوج كانت في كل مكان. لم أكن معتادة على ذلك.
BRR
B
الناس كانو باردين كما هو الحال مع الجو حاولت أن أتكلم معهم. لقد كانو جافين و لم يردو علي.
HI
H...
و لكن بعد شهرين، بدأت في التخطيط لحياتي و استطعت التأقلم و بدأت الذهاب إلى المدرسة . لقد كنت في منتهى السعادة انني كنت قادرة على الذهاب إلى المدرسة بمفردي.

في نفس الوقت ، أختي صابرين كانت وحيدة في مصر . كنت قلقة عليها جداً!

لقد ذهبت إلى مدينة الإسكندرية في مصر مع أحد أقاربنا.

لقد دفعوا الأموال لأخذ قارب غيرشرعي إلى إيطاليا.

لم تكن طريقة سهلة للذهاب إلى هناك.

وأخيراً اتصلت بي صابرين من أحد معسكرات اللاجئين في إيطاليا . كنت في غاية السعادة لمعرفة انها في أمان.

لقد أحببت مدرستي جداً ، كل زملائي كانو من دول مختلفة مثلي . كانوا من الصين، الصومال و فرنسا أحسست اني انتمي إلى المدرسة.
SCHOOL
لقد رأيت كثيراً من المزايا و الفرص التي يتمتع بها الطلبة في أمريكا أكثر من التي كنت احصل عليها في اليمن كالوجبات المجانية ، و الفصول الإضافية بعد المدرسة و فوق كل ذلك حرية التعبير. كان علي فقط الإستمتاع بكل هذه المزايا!
لقد تم إنتخابي بواسطة زملائي للتحدث بأسمهم في برلمان المدرسة.
زملائي كان لديهم بعض المطالب . كنا نريد مدرس رياضيات بدل من البرامج على الكمبيوتر و أيضا كنا نريد نشاط لكرة القدم ، كذلك تغيير قائمة الوجبات في المدرسة حتى تتلاءم مع تعدد ثقافات الطعام للطلبة ، ليس فقط الوجبات الأمريكية . كل طلباتنا تم الإستجابة لها.

يجب عليكِ أن تكوني محامية. أنصحك بالتقديم في برنامج ستيب -أب.
مستر تيري كان أول من لاحظ موهبتي في الكتابة.
برنامج ستيب- أب أعدني للتدريب في مكتب محاماة حتى يتسنى لي أن أعرف أكثر عن القانون.
قدمت في برنامج ستيب- أب.
STEP-UP
APPLICATION
كنت متحمسة لدراسة المحاماة.
لقد ترافعت أمام محامين حقيقين و فزت بالمركز الثالث في المسابقة!

لقد قدمنا أنا و زملائي على منح دراسية و جامعات للإلتحاق بها بعد التخرج.
في حفل التخرج مدرستي اختارتني لأقوم بخطبة التخرج.
في يوم تمت دعوتي إلى حدث في أحد الأماكن حيث قابلت ملالا يوسفزاي لقد قابلتنا كطلبة لاجئين في مينسوتا تم التواصل بيننا من خلال تجاربنا.
كما انني أهديتها أحد كتبي...
GREEN
CARD
VOICES
...الذي كنت قد كتبته في أحد الفصول عندما كنت في المدرسة . لقد أخذنا صورة تذكارية جميلة مع ملالا بعد ذلك دعتني هي أن اتحدث في الأمم المتحدة في نيو يورك للتحدث عن التعليم للاجئين البنات.

لقد كانت أول زيارة لي لنيو يورك.

في الأمم المتحدة القيت كلمة. لقد كنت فخورة بنفسي من اليمن إلى الأمم المتحدة ! لقد حكيت قصص لها علاقة عن تعليم الإناث في اليمن خلال الأزمة.

كما إنني حضرت مجموعة من القائات. لقد أحببت ذلك كثيرا. كنت أتمني العودة مرة أخرى.

لقد تم قبولي في جامعة سان كاثرين.

في أول عام لي تم إنتخابي رئيسة إتحاد الطلبة . لقد استطعت تغيير الكثير من الأشياء كإلغاء أحد الإختبارات كان يسمى ب (ا-س-ت) للطلبة الذين يتكلمون الإنجليزية كلغة ثانية. كما انني ساهمت في إنشاء قاعة للمقابلات و التواصل بين الطلبة و بالطبع ساهمت في إنشاء نشاط لكرة القدم و العديد من النشاطات للطلبة.

في عام التخرج إجتاح العالم وباء كوفيد-١٩.

كان علي المذاكرة و كذلك خوض الإمتحانات من المنزل.

كنت طالما ما أنظر لكل الجوائز التي حصلت عليها حتى تكون مصدر إلهام لي.

و أخيراً تخرجت من الجامعة بثلاث شهادات ولكن بدون إحتفالية تخرج بالطبع بسبب وباء كوفيد.

بعد مقتل جورج فلويد . لقد تظاهرت متضامنة كصاحبة بشرة سمراء ، من الشرق الأوسط و كمسلمة مهاجرة. من المهم معرفة ما هو تأثير عدم العدالة علي و علي المجتمع الذي انتمي إليه .أريد أن استغل تعليمي لتحقيق العدالة حتى لا نرى أفراد من مجتمعنا يتم قتلهم بدم بارد أو أن يتم ترحيلهم خارج البلاد بلا سبب و أن لا يتم معاملتهم كأفراد مهددين للمجتمع.
NO JUSTICE NO PEACE
BLACK LIVES MATTER
I CAN'T BREATHE
NO JUSTICE NO PEACE
DEFUND POLICE
JUSTICE FOR FLOYD
BLM

في الولايات المتحدة الأمريكية وجدت لجوئي و تعليمي . أنا الأن أستغل صوتي للتحدث بصوت عالي لتحقيق المزيد من العدالة في العالم.

أسئلة المناقشة

...افهم القصة

التفكير في الداخل

١. أين ولدت زينب؟ أين نشأت ؟ كيف أثر ذلك عليها؟

٢. نشأت زينب على يد جدتها واعتبرتها "مركز عائلتها". ما هي بعض أسبابها للتفكير في هذا ؟

٣. لم يتم اختيار شقيقة زينب للذهاب إلى الولايات المتحدة. برايك كيف هو الشعور بلانفصال عنها؟

التفكير فيما وراء

١. صف رحلة زينب إلى مينيسوتا. لماذا اضطرت إلى مغادرة اليمن؟ لماذا اختارت مينيسوتا؟

٢. قارن وباين بين الحياة في اليمن والحياة في مينيسوتا. كيف هي متشابهة؟ مختلفة؟

٣. كيف استخدمت زينب صوتها للنضال من أجل ما تعتقد أنه صحيح أو عادل في العالم؟

٤. ما الذي تعتقد أنه سيحدث بعد ذلك في حياة زينب؟ لماذا تعتقد ذلك؟

التفكير

١. فكر في العنوان. كيف أصبحت زينب صوتا للجوء؟

٢. هل زينب مقاتلة من أجل العدالة؟ لماذا ولم لا؟

غرزة لك...

١. صف شخصا تعرفه يجعلك تشعر بالراحة والامان.

٢. ماذا يعني الملجأ بالنسبة لك؟ صف الوقت الذي بحثت فيه عن مكان للجوء. ما الذي جعل هذا المكان يشعر الامان؟

٣. أخبر عن وقت استخدمت فيه صوتك للدفاع عن شيء تؤمن به. ما الذي جعلك ترغب في الدفاع عن هذه المسالة؟

مفاهيم مهمة

الثَوْرَة

تصف الثورة تغييرا حادا للغاية. عادة ما تكون الثورات سياسية بطبيعتها. يشعر بعض الناس بعدم الرضا عن حياتهم ، والبعض الآخر غير سعيد بنظام حكومتهم أو مجتمعهم بأكمله. قد ينضمون معا ويتبادلون أفكارهم ويقومون بثورة. غالبا ما تشمل الثورات القتال والاضطرابات المدنية.

مثال: في عام ٢٠١١ بدأت الثورة ضد الرئيس اليمني. واحتجت حشود من الناس في الشوارع لمطالبته بالتنحي. تجمعت زينب وعائلتها حول التلفزيون لسماع الأخبار. من على سطح منزلهم رأوا الصواريخ تنفجر. كانوا يعلمون أن الوقت قد حان لمغادرة اليمن (انظر الصفحة ٨).

الدعوة

يمكن تعريف الدعوة على أنها اتخاذ إجراءات لتغيير العالم. وتشمل دعم قضية أو سياسة في الأماكن العامة. إنها عملية سياسية يقوم بها فرد أو مجموعة تهدف إلى التأثير على القرارات داخل الأنظمة، والمؤسسات السياسية ،والاقتصادية والاجتماعية. الطلاب الذين يستخدمون أصواتهم ويشاركون في مدارسهم ومجتمعاتهم هم مدافعون عن أنفسهم والآخرين.

مثال: عندما تحدثت زينب في اجتماع مجلس إدارة المدرسة المحلي، كانت تدافع عن الناس محليا. عندما تحدثت زينب في قمة الأمم المتحدة للتنمية المستدامة، كانت تدعو إلى التغيير العالمي (انظر الصفحتين ٢٠ و ٢٣).

العدالة

العدالة هي مفهوم في الأخلاق والقانون ينبغي أن يتصرف الناس بطريقة عادلة ومتساوية ومتوازنة للجميع. كفكرة، ناقش الفلاسفة العدالة عبر التاريخ. يريد الأشخاص الذين يسعون إلى العدالة ضمان حصول الجميع على ما يستحقونه أو حقهم. يستخدم هذا المفهوم في المحاكم والقانون لمساعدة الأشخاص الذين يسعون إلى الإنصاف. تشمل العدالة الاجتماعية والمساواة في الوصول إلى الامتيازات الاجتماعية والثروة والفرص .

مثال: بعد مقتل جورج فلويد في مينيابوليس ، احتجت زينب تضامنا كامرأة سوداء وشرق أوسطية ومسلمة ومهاجرة. كان من المهم بالنسبة لها أن تتعلم كيف أثر الظلم ليس فقط عليها، ولكن على مجتمعها أيضا (انظر الصفحة ٢٥).

كلمات ينبغي معرفتها

السل: مرض تسببه البكتيريا التي تهاجم الرئتين وتنتشر بسهولة

الربيع العربي: سلسلة من الاحتجاجات والانتفاضات المناهضة للحكومة ، التي قادها الشباب في الغالب في أوائل ٢٠١٠، والتي انتشرت في معظم أنحاء العالم العربي.

ملجا: شيء يوفر الامان أو المأوى

لاجئ: الشخص الذي أجبر على مغادرة بلده هربا من الحرب أو الكوارث الطبيعية

بطاقة خضراء: الاقامة الشائعة لتصريح الاقامة الدائمة القانونية

طالب متفوق: لقب للطلاب الحاصلين على أعلى نجاح أكاديمي

مصادر إضافية:

حقائق اليمن للاطفال"، كيدل كبيديا، ٢٦(نوفمبر/تشرين الثاني :)٢٠٢٢، ، .
https://kids.kiddle.co/Yemen

صحافة الوكالة الفرنسية"' , اتمنى الذهاب للمدرسة : مليون طفل يفقدون التعليم في اليمن التي مزقتها الحرب عالمهم ,٢٤(سبتمبر)٢٠٢٢: , .
https://theirworld.org/news/back-to-school-yemen-but-2m-children-missing-education/

شكرا لك

مستوحى من قصصنا حملتنا إلى هنا مقتطفات رواية مصورة (٢٠٢١) ، حيث نشرت قصة زينب .المصورة لاول مرة في هذا الكتاب

نسخة مختصرة. نحن ممتنون لموظفي كرين كارد فويسز المذهلين ومجلس الادارة والممولين .والعديد من مؤيدي اصوات البطاقة الخضراء على الصعيد الوطني. نعرب عن

امتناننا لكاثي سيب، التي كتبت قسم المناهج الدراسية في الكتاب، وللمترجمين أشرف .عطار والفريق في لكسيكيت.

بشأن أصوات البطاقة الخضراء

تأسست اصوات كرين كارد في عام ٢٠١٣ ، وهي منظمة غير ربحية تستخدم رواية القصص لمشاركة الروايات الشخصية للمهاجرين الامريكيين، مما يؤسس فهما أفضل بين المهاجرين ومجتمعاتهم. تعمل منصتنا الديناميكية القائمة على الفيديو، ومجموعات الكتب، ومعارض السفر ، والبودكاست ، ودوائر القصة الافتراضية على تمكين الافراد من خلفيات مختلفة من اكتساب وجهات نظر أصيلة من منظور الشخص الاول بشان حياة المهاجرين ، مما يزيد من تقدير تجربة المهاجرين في الولايات المتحدة.

ولدت أصوات البطاقة الخضراء من فكرة أن الروايات الواسعة للمهاجرين الحاليين ينبغي أن يتم توصيلها بطريقة صحيحة لقصة كل فرد. نسعى إلى أن نكون عدسة جديدة للمساهمين في حوار الهجرة وبناء جسر بين المهاجرين وغير المهاجرين - الوافدين الجدد والمجتمع المتلقي - في كافة أنحاء البلاد. نقوم بذلك من خلال مشاركة قصص الهجرة المباشرة للامريكيين المولودين في الخارج ومساعدة الاخرين على رؤية "موجة المهاجرين" كأفراد لديهم قصص مثيرة للاهتمام عن الاسرة والعمل الجاد والتنوع الثقافي.

حتى الان ، سجل فريق البطاقة الخضراء أصوات قصص حياة أكثر من خمسمائة مهاجر قادمين من أكثر من مائة وأربعين دولة. يسأل جميع المهاجرين الذين يقررون مشاركة قصتهم معنا ستة أسئلة مفتوحة ويدعون لمشاركة الصور الشخصية للحياة في بلد ولادتهم وفي الولايات المتحدة. ثم يتم تحرير رواياتهم لانتاج مقاطع فيديو مدتها خمس دقائق مليئة بالقصص الفريدة والصور الشخصية والموسيقى. تتوفر مقاطع الفيديو هذه على www.GreenCardVoices.org و YouTube (مجانا وللاعلان.)

معلومات الاتصال

أصوات البطاقة الخضراء
1st Ave S 2611
Minneapolis, MN 55408

612.889.7635
info@GreenCardVoices.org
www.GreenCardVoices.org